it's

it's

it's

it's

it's !

it's

it's

it's

it's

it's

it's

it's

it's

it's

it's

it's

it's

it's !

it's

it's

it's

it's !

it's

it's

it's

it's

it's !

it's

it's

it's

it's

it's

it's

it's

it's

it's

it's

it's

it's

it's

it's

it's

it's

it's

it's

it's

it's

it's

it's !

it's

it's

it's

it's

it's

it's

it's

it's

it's

it's

it's

it's

it's

it's

it's

it's

it's

it's

it's

it's

it's

it's

it's

it's

it's

it's

it's

it's

it's

it's

it's

it's

it's

it's

it's

it's

it's

it's

it's

it's

it's

it's

it's

it's

it's

it's

it's

it's

it's

it's

it's

it's

it's

it's

it's

it's

it's

it's

it's

it's

it's

it's !

it's

it's

it's

it's

it's

Made in the USA
Columbia, SC
07 February 2021

32550661R00074